Bernd Wulf, Jahrgang 1944, Bankkaufmann, Diplomingenieur, Berufsschulpädagoge, Berufstätigkeit als Kaufmann, einige Jahre als Physiklehrer am Gymnasium.
Ehrenamtliches Mitglied im

- Verbandsrat des Zentralverbandes deutscher Konsumgenossenschaften e.V. (ZdK), Hamburg;
- Aufsichtsrat der Erzeuger-Verbraucher-Gemeinschaft LANDWEGE eG, Lübeck;
- Vorstand des soziokulturellen Zentrums Werkhof e.V., Lübeck;
- Vorstand der Landesarbeitsgemeinschaft Soziokultur Schleswig-Holstein e.V.;
- erweiterten Vorstand des Bundesvereins zur Förderung des Genossenschaftsgedankens e.V., Berlin.

AF222530

Bibliografische Information der Deutschen National-bibliothek

Die Deutsche Nationalbibliothek verzeichnet diese Publikation in der Deutschen Nationalbibliografie; detaillierte bibliografische Daten sind im Internet über http://dnb.d-nb.de abrufbar.

Layout und Gestaltung: Bernd Wulf
Fotos: alle Fotos von Bernd Wulf außer S. 50 © Lienhard Böhning, S. 54 © Käthe Fromm, S. 58 © Ulf Skodda
Herstellung und Verlag: Books on Demand GmbH, Norderstedt

Printed in Germany

ISBN 978-3-8370-4344-0

Bernd Wulf

pro Ehrenamt

ENTSCHEIDUNGSFINDER

Was wäre das Leben
hätten wir nicht den Mut,
etwas zu riskieren?

Vincent van Gogh

INHALT

TEIL 1:
EIN PAAR WORTE VORAB

TEIL 2:
BEDENKZEIT

TEIL 3:
PLANUNGSZEIT

TEIL 4:
EHRENAMT GUT –
ALLES GUT?

TEIL 5: REFLEXIONSZEIT

TEIL 6: ANGEHÄNGTES

Teil 1: EIN PAAR WORTE VORAB

Prolog

Wir alle sind Individuen und zugleich Produkte unserer Gesellschaft. Als gesellschaftliche Wesen unterliegen wir Einflüssen von außerhalb, als Individuen folgen wir unserem eigenen Willen, unseren Prägungen, Neigungen und Talenten. Die Marktwirtschaft weiß dies zu nutzen. Unsere Identität bilden wir zu einem guten Teil über Statussymbole. Familie, Kinder, Beruf und nicht zuletzt materielle Anschaffungen bilden die äußerlich sichtbaren Zeichen. Haus, Auto, Reisen - größer, schneller, weiter. Das sind die Maximen einer konsumgetriebenen Bevölkerung, und immer ist die Skala nach oben offen.

Doch dieses Prinzip hat seine Grenze: Von einem bestimmten Wohlstandsniveau an erhöhen neue Konsumgüter nicht mehr das Wohlbefinden, stattdessen nimmt es sogar trotz steigendem Wohlstand ab. Gleichzeitig entsteht der Wunsch nach der Wiederherstellung sozialer Bindungen, die in der konsumgetriebenen Konkurrenzgesellschaft verloren gegangen sind. Hier hat ehrenamtliches Engagement für viele seinen Ursprung.

Das ist ein wesentliches Motiv dafür, dass Menschen sich in ihrer Freizeit für das Gemeinwohl engagieren. Das ist zugleich der erste, letzte und damit einzige Ausflug in theoretische Gefilde. Schließlich ist dies ein Praxisbuch, und das soll es auch bleiben!

Einführung

Ohne Frage: Ehrenamtliches Engagement ist Trend. Und das Interesse nimmt weiter zu. Viele gesellschaftliche Bereiche sind heute ohne ehrenamtliche Beteiligung gar nicht mehr vorstellbar.

Ob das Ehrenamt auch künftig trendy bleibt, ist eine offene Frage - Ehrenamt ist umgangssensibel. Wer freiwillige Leistungen erbringt, kann dies auch lassen. Darum sind für längerfristige Erfolge passende Rahmenbedingungen unverzichtbar. Nicht immer jedoch steht es mit der Ehrenamtspflege zum Besten. Und nicht immer wird ehrenamtliches Engagement auch angemessen gewürdigt.

Ehrenamtliches Engagement kann das Leben der Engagierten bereichern und die Lebensqualität der Gesellschaft erhöhen. Wo sonst gibt es einen solchen positiven Doppeleffekt und noch dazu nahezu umsonst? Es ist folglich wünschenswert, dass sich ehrenamtliches Engagement auch in Zukunft weiter entfaltet. Das Anliegen dieses Buches ist es, diesen positiven Trend zu unterstützen.

Es wendet sich an diejenigen, die sich ehrenamtlich engagieren wollen und möchte sie dabei unterstützen. Und es wendet sich an die anderen, die schon dabei sind und möchte ihnen Wege ebnen. Es möchte aber auch denen zur Seite stehen, die mit Ehrenamtlern beruflich zu tun haben.

Abbau von Unsicherheit und Aufbau von Verständnis bilden unverzichtbare Grundlagen dauerhafter und stabiler Zusammenarbeit zwischen Ehrenamt und Hauptamt.

Zu den Interviews

Mit einer Reihe mir bekannter Personen, von deren ehrenamtlichem Engagement ich weiß, habe ich Interviews geführt.

Die Gespräche haben in einer zwanglosen Atmosphäre stattgefunden. Manchmal hatte ich eine Idee über das zentrale Thema, meist ergab es sich erst im Gespräch. Umso überraschter war ich über die Vielfalt der Sichtweisen. Ich habe die Interviews aufgezeichnet und später ausgewertet. Aus den Gesprächen habe ich in Absprache mit den Interviewten jeweils einen Schwerpunkt ausgewählt und sprachlich zusammengefasst. Mit den Interviewpartnern gemeinsam haben wir dann diese Texte überarbeitet, bis beide Seiten mit dem Ergebnis zufrieden waren.

Dies erklärt die „druckreifen" Formulierungen. Es war nicht wichtig, welche Worte gesprochen wurden, sondern worüber gesprochen wurde. Sinn der Überarbeitungen war es, diese Inhalte gut lesbar und kompakt darzustellen. Der individuelle Sprachstil musste dafür geopfert werden. Ich hoffe, dass sich dieses Opfer für das Anliegen des Buches gelohnt hat.

Sie werden sich vielleicht wundern, warum in den Interviews konkrete Ehrenamtstätigkeiten nicht erwähnt werden. Das hat gleich zwei Gründe. Es kommt bei diesen Interviews nicht darauf an, was jemand tut, sondern warum er es tut. Außerdem sollen Sie doch unbeeinflusst Ihre Wahl treffen.

Doch keine Regel ohne Ausnahme: Die Kids von der Jugendfeuerwehr dürfen für ihr Ehrenamt werben.

Zu diesem Buch

Begriffsvereinbarung

Ob Ehrenamt, bürgerschaftliches Engagement, Freiwilligenarbeit oder was auch immer: Für den Gegenstand dieses Buches gibt es keine zutreffende Bezeichnung. Jeder dieser Begriffe ist unzulänglich, sperrig oder missverständlich, also jeweils nicht mehr als ein Kompromiss. Hier bleibt es bei dem Wort Ehrenamt in dem Bewusstsein, dass dies ein Notbehelf ist. Der Begriff Ehrenamt ist nun einmal am gebräuchlichsten, und er erinnert daran, dass Ehrenamt mit Anerkennung zu tun hat. Auf Ehre können Sie vielleicht verzichten, auf Anerkennung auf Dauer nicht. Dieses Buch gibt Gedankenanstöße.

Dieses Buch ist anders

Über ehrenamtliches Engagement ist - besonders in den letzten Jahren - viel geschrieben worden. Ob theoretisch oder aus der Sicht von Institutionen: Die Materialfülle ist kaum noch überschaubar. Und dennoch gibt es eine Lücke: Die ehrenamtlich Aktiven melden sich nämlich kaum zu Wort. Das ist schade: Gerade sie können anderen Tipps aus ihrer Praxis geben, von eigenen Erfahrungen berichten und damit der Diskussion um das Ehrenamt wertvolle Impulse verleihen. Sie sind Praxisexperten wie niemand sonst. Damit hat es ein Ende. Jetzt ergreifen Ehrenamtler selbst das Wort: Dies ist ein Buch von Ehrenamtlern für Ehrenamtler.
Das Buch ist zunächst das Ergebnis meiner eigenen Erfahrungen. Hinzu kommen die Erfahrungen anderer aus vielen Gesprächen, die ich im Laufe meiner Ehrenamtstätigkeiten mit anderen Engagierten geführt habe.

Es ist das Ergebnis praktischer Erfahrungen ehrenamtlich Engagierter. Sie haben Höhen genossen und Tiefen überstanden, sich über Erfolge gefreut und Misserfolge überlebt. Sie haben auf der Grundlage ihrer Erfahrungen untersucht, aus welchen Gründen vieles gut lief und manches nicht. In diesem Buch sind die Erkenntnisse zusammengefasst. So können Sie positive Ehrenamtserfahrungen sammeln, und es bleiben Ihnen – hoffentlich - Missgeschicke erspart, die anderen vor Ihnen widerfahren sind.

Dieses Buch ist unabhängig

Keiner Institution, ob Wohlfahrt, Kirche, Sport oder wem auch immer wird hier das Wort geredet. Gerade in der Vielfalt der Möglichkeiten liegt doch ein ganz besonderer Reiz zu ehrenamtlichem Engagement. Es ist das Anliegen dieses Buches, Sie unvoreingenommen zu informieren, auf ehrenamtliches Engagement vorzubereiten und Ihnen die Freiheit in der Wahl Ihres Engagements zu lassen. Es möchte Sie unterstützen, Ihr Aktionsfeld zu finden, das nicht nur gesellschaftlich gebraucht wird, sondern das auch zu Ihnen passt.

Wieso Entscheidungsfinder?

Dieser Untertitel deutet an, wie das Thema Ehrenamt hier dargestellt wird und damit auch, wie nicht. Statistiken finden Sie zuhauf, theoretische Abhandlungen auch. Aber helfen Ihnen wissenschaftliche Erörterungen wirklich weiter, um sich für ein bestimmtes Ehrenamt zu entscheiden? Vielleicht kommen Sie nach langem Studieren zu einem für Sie nützlichen Ergebnis. Sicher ist das nicht.

Sie suchen vermutlich keine wissenschaftliche Begründung und keine politische Legitimation, sondern Sie wollen etwas tun, und Sie wollen für sich die richtige Wahl treffen. Damit Ihnen das gelingt, finden Sie hier eine Reihe von Tipps und Anregungen. Wenn Ihnen diese bei Ihrer Entscheidungsfindung helfen, hat das Buch seinen Anspruch erfüllt.

Zur Handhabung

Was dieses Buch will

Dieses Buch will Sie bei Ihrer Entscheidungsfindung für ehrenamtliches Engagement unterstützen.
Jeder Mensch hat seine ganz persönliche Art, sich einem Thema anzunähern. Jeder Mensch hat zudem seine ganz eigenen Informationsbedürfnisse. Das Buch versucht, diesen unterschiedlichen Bedürfnissen gerecht zu werden, indem jedes Kapitel thematisch in sich abgeschlossen ist.
Das Buch soll zum Herumblättern anregen. Sie suchen sich die Abschnitte heraus, die Ihnen wichtig erscheinen und erfahren – hoffentlich - das für Sie Nützliche. Vielleicht ist ein paar Wochen später ein anderer Abschnitt für Sie interessant.
Sie können das Buch natürlich auch von vorn bis hinten durchlesen. Müssen Sie aber nicht!

Erleichterte Entscheidungsfindung

Das Buch soll Ihnen helfen, die richtigen Entscheidungen für Ihr Ehrenamt zu treffen. Sie werden auf mögliche Stolpersteine bereits aufmerksam, bevor Sie sich engagieren. So wird Ihnen vielleicht noch etwas klarer, was Ihnen besonders wichtig ist, worauf Sie nicht verzichten wollen und umgekehrt, was für Sie überhaupt nicht in Frage kommt.
Ehrenamtliches Engagement kann Freude und Erfüllung für Sie bringen. Es birgt allerdings auch Risiken. Dieses Buch möchte Ihnen vermeidbare Enttäuschungen ersparen und Sie auf eine Entscheidung vorbereiten, die Sie später nicht bereuen.

Das Prinzip der einfachen Erkenntnisse

Dieses Buch ist einfach geschrieben. Das ist Prinzip. Das Buch behandelt Grundfragen, verschafft Überblicke. Komplexe Zusammenhänge sind im Kern einfach. Grundfragen bedürfen daher keiner komplexen Darstellung, solange jedenfalls, als kein wissenschaftlicher Anspruch mit den Ausführungen verbunden ist. Je mehr Sie sich allerdings für Details interessieren, umso eher ist es vorbei mit der Einfachheit.

Problemlos lässt sich jedes Sachthema heute über eine Internet-Suchmaschine eingehender recherchieren. Geben Sie „Ehrenamt vernichtet Arbeitsplätze" ein, und es öffnet sich ein ganzer Katalog von Stellungnahmen. Und so geht es mit jedem anderen Thema auch.

Das Prinzip der letzten Instanz

Sie werden sich hin und wieder fragen, welchen Anspruch die Schlussfolgerungen aus diesem Buch für Sie erheben. Muss alles so sein, wie es da steht, oder geht es auch anders?

Die Tipps dieses Buches basieren auf persönlichen Erfahrungen. Sie sind also subjektiv. Wenn Sie das Bedürfnis verspüren, anders zu handeln, tun Sie das. Sie wissen ja, warum Sie Ihren eigenen Weg gehen wollen.

Sie und niemand anderes sind Ihre letzte Instanz. Wenn Sie mit Ihrem eigenen Weg gute Erfahrungen machen, geben Sie uns Ihre Rückmeldung. Das Buch ist ein erster Anfang und möchte weiter wachsen. Sie können dazu beitragen. Die Kontaktadresse finden Sie im Schlusswort.

TEIL 2: BEDENKZEIT

Ehrenamt: Warum?

Die Frage nach dem Sinn

Altruisten wissen oft am wenigsten eine Antwort auf die Frage nach dem Sinn ihrer Aktivitäten. Sie haben die Latte hochgelegt wie niemand sonst. Ausschließlich selbstlos und uneigennützig zu sein ist dabei nicht einmal wirklich erstrebenswert. Es gibt viele Gründe, beim ehrenamtlichen Engagement nicht nur an andere, sondern auch an sich selbst zu denken.

Ein Grund ist dieser: Uns allen ist ein im wahrsten Sinne des Wortes existenzielles Problem gemeinsam - unsere Vergänglichkeit. Wir sind nun einmal keine Seegurken. Die nämlich sollen nach Ansicht von Wissenschaftlern vom Gesetz der Sterblichkeit ausgenommen sein.

Religionen nehmen sich dieses großen Themas auf unterschiedliche Weise an. Ob über die Unsterblichkeit der Seele oder die Wiedergeburt – religiöse Versprechen weisen Wege über die Vergänglichkeit des Erdendaseins hinaus.

Doch auch wenn Ihrer Ansicht nach der Körper dem Tod geweiht ist und die Seele vielleicht gleich mit: Sie können der Vergänglichkeit dennoch ein Schnippchen schlagen. Sie können Spuren hinterlassen, wenigstens eine Weile über das Ende Ihres Erdendaseins hinaus. Leonardi da Vinci ist dies auf überragende Weise gelungen, Christoph Kolumbus natürlich auch und Martin Luther sowieso. Die Reihe lässt sich fortsetzen. Vielleicht landen Sie irgendwann bei Hartz (IV), zugegeben ein Beispiel mit fragwürdigem Erinnerungswert. Es kann Ihnen ohnehin gleich sein. So tiefe Spuren sind nur wenigen vergönnt.

Trotzdem stellen sich uns allen die gleichen Fragen:

- Wofür sind wir da?
- Was von uns überdauert den Tod?
- Wie gehen wir mit der Endlichkeit unseres Erdendaseins um?

Dies ist kein Aufruf, das Buch aus der Hand zu legen und sich in die Tiefen der Selbstbeleuchtung zu begeben. Diese Gedanken erinnern Sie vielleicht daran, dass es Gründe gibt, die tiefer liegen und sich erst nach mühsamer und ausdauernder Selbsterforschung erschließen lassen. So weit müssen Sie nicht gehen. Das wäre auch schade: Schließlich wollen Sie ehrenamtliche Lebensspuren zeichnen. Das ist ein guter Vorsatz und Sie sollten sich nicht davon abbringen lassen.

Es ist ein gutes Gefühl zu wissen, dass es tiefe Motive in Ihnen gibt, die Sie auf diesem Weg leiten. Sie können die Selbsterforschung getrost auf einen späteren Termin verschieben: Das ist zum Beispiel ein erfüllendes Thema für Ihren Lebensabend.

Ich pflege meine Leidenschaften

 *Seit meiner frühesten Kindheit habe ich in mir diese Leidenschaft für die Natur. Fischotter stehen ganz oben auf meiner Lieblingsliste. Zu ihrem Schutz war ich Mitbegründer eines Vereins, der heute über 15.000 Mitglieder hat. Aus meinem Berufswunsch Tierarzt wurde leider nichts. Die Leidenschaft aber ist geblieben. So ist es kein Wunder, dass ich mich seit Jahrzehnten ehrenamtlich engagiere.*

Dahinter stehen natürlich meine persönlichen Interessen. Darum muss ich mich nicht überwinden. Ich engagiere mich für Sachen, die mir Spaß machen, die mir auf der Seele liegen und das hat überwiegend mit Naturschutz zu tun. Es reicht für mich nicht aus, dass ich in meinem Beruf tätig bin und auf diese Weise auch etwas für unser Gemeinwesen tue.

Das, was ich mit anderen gemeinsam erreiche, gibt mir eine große Befriedigung. Wir haben über die Jahre große Erfolge erzielt, dabei nicht immer nur Freunde gewonnen. Naturschutz polarisiert. Aber wir haben auch in schwierigen Zeiten immer durchgehalten. Heute hat unser Engagement Gewicht, und dieses Gewicht hilft uns bei der Durchsetzung unserer Ziele.

Diese Projekte findet große Resonanz und ich spüre Dankbarkeit von denen, die sich mit mir gemeinsam seit Jahren für die Sache einsetzen. Wertschätzung und Anerkennung durch diese Mitstreiter - das sind mein ganz persönliches feedback.

Dr. Frank Giese, Rechtsanwalt

Lebenszeit schenken

Freizeit ist freie Zeit

Zeitspende ist das geflügelte Wort für das, was ehrenamtliches Engagement als erstes bedeutet: Sie schenken anderen Zeit – Zeit, die Ihnen gehört.

Diese geschenkte Zeit könnten Sie schließlich auch anders nutzen, für sich selbst nämlich. Zeit mit Freunden, Zeit fürs Kino oder Theater, Zeit zum Lesen – es gibt so viele schöne Möglichkeiten, das Leben zu gestalten. Das Hobby fühlt sich vielleicht auch schon lange vernachlässigt, und dann sind da noch die sonstigen Vorhaben, zu denen Sie bisher überhaupt noch nicht gekommen sind. Warum in aller Welt soll es nun auf einmal ein Ehrenamt sein?

Die Antwort ist einfach: Ehrenamtliches Engagement gibt Ihnen etwas zurück, was Sie auf andere Weise nicht bekommen, jedenfalls dann, wenn alles rund läuft.

Geben und Nehmen

Betriebswirtschaftlich nennt man den Idealfall hierfür eine Win-Win-Situation. Sie tritt ein, wenn die beteiligten Partner allesamt profitieren. Dass andere von Ihrem ehrenamtlichen Engagement profitieren, steht außer Frage. Wo aber bleiben Sie, was ist Ihr persönlicher Gewinn?

Wenn Sie auf diese Frage keine klare Antwort finden, sollten Sie noch eine Weile nachdenken, bevor Sie sich tatsächlich engagieren. Sonst tut es Ihnen später leid und Sie werden sich frustriert abwenden. Auf eine solche Erfahrung sollten Sie getrost verzichten.

In diesem Buch finden Sie eine ganze Reihe von Zugängen zu dieser Grundfrage. Stöbern Sie ruhig ein wenig darin herum. Mit einiger Wahrscheinlichkeit werden Sie fündig.

Die Frage nach den Motiven

Was Sie treibt

Wie kommt ein Mensch zum Ehrenamt? Die Antworten sind so vielfältig, wie es Engagierte gibt. Zu jedem Ehrenamtler gehört seine ganz persönliche Ehrenamtsgeschichte. Vielleicht war es der pure Zufall: Sie wurden angesprochen, mochten nicht nein sagen oder fühlten sich geschmeichelt. Vielleicht fühlten Sie sich unausgefüllt und suchten nach neuen Aufgaben. Oder es fehlte Ihnen soziale Kontakte.
Nehmen Sie sich Zeit, Ihre eigenen Motive kennen zu lernen und sich mit ihnen auseinander zu setzen. Warum wollen Sie nicht etwas dafür zurück bekommen, dass Sie Gutes für andere tun?

Warum Sie Ihre Motive kennen sollten

Nur wenn Sie Ihre Beweggründe kennen, können Sie achtsam mit ihnen umgehen. So schonen Sie sich vor unangenehmen Erfahrungen. Sie wissen, was Ihnen wichtig ist, worauf Sie verzichten können und worauf nicht.
Sie können Ihre Motive anderen erklären und so Verständnis für sich wecken. Wer Ihre Motive kennt, respektiert diese in aller Regel auch. Ihrem ehrenamtlichen Engagement tut das nur gut.

Kleiner Motivkatalog

Hier eine Reihe möglicher Motive:

- **Ethik, Moral, Gewissen, Verantwortung**
  Sie sehen sich als Gemeinschaftswesen und fordern von sich aktive Mitgestaltung.
- **Altruismus**
  Es gibt sie wohl, die altruistischen Menschen. Nicht alle allerdings, die das von sich behaupten, sind wirklich so selbstlos, wie sie vorgeben. Oft hält sich der Selbstnutzen nur etwas versteckt. Seien wir großzügig und gönnen dieses Attribut all denen, die es für sich beanspruchen.
- **Selbsthilfe, Lebenskrisen**
  Krankheiten oder seelische Leiden können Auslöser sein für ehrenamtliches Engagement. Sie schöpfen neue Kraft aus einer überwundenen Krise und geben einen Teil ihrer wieder gewonnenen Energien an andere weiter.
- **Dankbarkeit**
  Gründe für Dankbarkeit können sehr verschieden sein. Vielleicht ist es Dankbarkeit für ein Leben in Frieden, in einer überwiegend funktionierenden Demokratie, in materieller Sicherheit. Vielleicht ist es Dankbarkeit dafür, dass Sie es in Ihrem Leben besonders gut haben. Vielleicht sind Sie von einer Krankheit geheilt, die Sie als lebensbedrohlich wahrgenommen haben.
- **Einsamkeit, Unausgefülltsein, Langeweile**
  Ihnen fällt die Decke auf den Kopf, Sie müssen raus aus Ihren vier Wänden. Da kann ein Ehrenamt sehr sinnvoll sein. Sie kommen unter Menschen, knüpfen neue Kontakte, finden neue Aufgaben.

- **Persönliche Entwicklung, Erprobung**
  Sie möchten sich stärker herausfordern, als Ihnen das bislang möglich war. In einem Ehrenamt können Sie neue Kompetenzen erwerben, offen mit anderen Menschen umgehen, verantwortungsvoll Aufgaben meistern.
- **Anerkennung, Selbstbestätigung**
- Etwas tun und dafür Anerkennung spüren, das kann eine sehr wertvolle Erfahrung sein. Dazu später mehr.

- **Was sagt die Familie?**
  Haben Sie Ihr Engagement in Ihrem persönlichen Umfeld abgesprochen?
  Ehrenamtliches Engagement kann Ihr Zuhause als Zurückweisung empfinden. Schließlich werden Sie künftig etwas seltener zu Hause sein. Ihr privates Umfeld sollte Sie verstehen und unterstützen. Sprechen Sie Ihre Motive offen an, um vermeidbare Spannungen gar nicht erst entstehen zu lassen. Vielleicht finden Sie außer Verständnis sogar gemeinsame Wege.
  Das Ehrenamt steht nicht gegen die familiären Beziehungen, es bereichert sie, allerdings nur, wenn das Engagement gemeinschaftlich getragen wird.

Ich möchte noch nicht zum „alten Eisen" gehören!

 „Ich bin vor kurzem in den Ruhestand gegangen und stand damit vor der Frage: „Was tun mit der neuen Freiheit?" Ich genieße meine Familie, bin gern zu Hause. Die sonstigen sozialen Kontakte aber, die hauptsächlich über den Beruf zustande gekommen sind, sind nun abgeschnitten. So kam ich auf das Ehrenamt. Zwar hatte ich als junger Mensch schon mal Sportgruppen in Jugendfreizeiten begleitet, war jedoch sonst bisher ehrenamtlich nicht aktiv. Jetzt aber, nach dem Ausscheiden aus dem Berufsleben, interessiert mich das Thema umso mehr.

Wichtig ist mir, ein Umfeld für mich zu finden, in dem ich eine aktive Rolle spielen kann, eine Rolle, die Sinn für mich macht, mir Lebensfreude gibt, mir Spaß macht, mich spüren lässt, dass ich anderen wichtig bin. Dann bin ich auch mir selbst wichtig. Das Ehrenamt ist eine Möglichkeit, sich diesem Ziel zu nähern.

Ich habe immer viel mit anderen Menschen zu tun gehabt, und diese sozialen Kontakte würden mir fehlen, wenn ich mich allein ins Familiäre und Individuelle zurückziehe. Familiäre, freundschaftliche und gesellschaftliche Kontakte gehören für mich zusammen. Darum baue ich mir unter anderem über das Ehrenamt neue Außenkontakte auf.

Das ist für mich auch eine Form der Altersvorsorge, also ein Weg, als älterer Mitbürger noch eine aktive Rolle zu spielen. Alt werden kann bedeuten, im Abseits zu landen. Ich möchte alt werden und möglichst lange beteiligt bleiben. Dafür schaffe ich jetzt die Grundlagen.

Eckhard Fritz, Diplom-Handelslehrer

28

Leben Sie Ihre Talente

Wie gut kennen Sie sich eigentlich? Viele Menschen sind unsicher in der Selbsteinschätzung.

Fachliche Kompetenzen werden Sie schnell benennen können. Sie werden auch wissen, welche dieser Fähigkeiten Sie gern nutzen und von welchen Sie lieber keinen Gebrauch machen möchten.

Mit sozialen Kompetenzen wird es schon schwieriger. Sie zu erforschen erfordert Einfühlung, und zwar in Ihre eigenen Befindlichkeiten. Es ist aber wichtig, sich damit zu befassen.

Zur Einstimmung hier ein paar mögliche Fragestellungen für Sie:

- Sind Sie eher Einzelgänger oder lieber in Gemeinschaft?
- Wie kommen Sie in Gemeinschaften zurecht?
- Reden Sie gern oder hören Sie lieber zu?
- Übernehmen Sie gerne Verantwortung?
- Wollen Sie Ihren Schwächen Paroli bieten oder sie so akzeptieren, wie sie Ihnen vertraut sind?

Schaffen Sie sich doch einfach einen ersten Überblick:

Meine Stärken:

fachlich	sozial

Meine Schwächen:

fachlich	sozial

Diese Fähigkeiten möchte ich gern nutzen:

fachlich	sozial

Diese Fähigkeiten möchte ich nicht so gern nutzen:

fachlich	sozial

Wenn Sie sich engagieren wollen, werden Ihre Ansprech-partner in der Regel genau wissen, worauf sie Wert legen. Sie sollten im Gegenzug umso mehr wissen, worauf Sie selbst Wert legen.

Mit diesem Selbsttest haben Sie sich nun Ihr erstes ganz persönliches Anforderungsprofil für Ihr ehrenamtliches Engagement erstellt.

Im Anhang finden Sie eine Checkliste, die Sie jetzt ausfül-len sollten. Damit wird noch deutlicher, worauf es Ihnen ankommt.

So haben Sie bereits wichtige Voraussetzungen für Ihre Entscheidung geschaffen. Achten Sie darauf, dass Sie diese Entscheidungskriterien bei Ihrer Entscheidung dann auch tatsächlich berücksichtigen. Zu große Kompromisse zu Beginn rächen sich später in der Praxis.

Wenn es Ihnen Schwierigkeiten bereitet, diese Felder aus-zufüllen, lassen Sie sich von einer Person Ihres Vertrauens dabei helfen und unterstützen.

Und wenn gar nichts hilft: Nach ein paar Tagen einen neu-en Anlauf nehmen. Vielleicht finden Sie das ziemlich müh-sam. Am Ende werden Sie froh sein, dass sie sich diese Arbeit gemacht haben. Es ist danach ein leichtes für Sie, nunmehr Ihre ganz persönlichen Prioritäten zu setzen.

Welcher Ehrenamtstyp sind Sie?

Es gibt die unterschiedlichsten Gründe, sich ehrenamtlich zu engagieren, und es gibt die unterschiedlichsten Betätigungsfelder. Nicht in jedem Ehrenamt sind Sie gleichermaßen gut aufgehoben. Malen Sie sich aus, wie Ihr Ehrenamt beschaffen sein sollte und legen Sie Ihre Prioritäten fest. Sie sollten das tun, bevor Sie sich für ein bestimmtes Engagement entscheiden.

Wie eigenständig wollen Sie arbeiten?

Sind Sie es gewohnt, eigenständig zu entscheiden, oder fühlen Sie sich wohler, in einem System zu wirken, das andere für Sie ordnen und verantworten?
Im ersten Fall sind Sie auf Eigeninitiative angewiesen, aber das wollen Sie ja auch so. Wenn Sie keine vorhandenen Strukturen vorfinden, schaffen Sie sich diese selbst. Sie wissen, dass Sie das können und Sie freuen sich, wenn Ihnen das einmal mehr gelingt.
Im zweiten Fall werden Sie froh sein, wenn Sie sich einer Organisation anschließen können, die Ihnen Angebote unterbreitet und den organisatorischen Rahmen bereitstellt. So können Sie sich auf das konzentrieren, was Ihnen wichtig ist und werden mit allem Drumherum von anderen versorgt. Die notwendige Bereitschaft zur Anpassung bringen Sie ja mit, so dass Sie diesen Komfort genießen können.

Für wen wollen Sie sich engagieren?

Vielfalt ist wunderbar, bringt aber auch Probleme mit sich. Je mehr Möglichkeiten Sie vorfinden, desto schwieriger wird die Orientierung und damit Ihre Entscheidung. Vielleicht wird ein Angebot aus Ihrem Bekanntenkreis an Sie herangetragen. Sagen Sie nicht vorschnell zu. Fragen Sie sich, was zu Ihnen passt und folgen Sie Ihren Interessen. Wenn Ihnen das Angebot dann immer noch gefällt - um so besser.

Die Fülle der Möglichkeiten kann hier nicht dargestellt werden. Einige Beispiele müssen genügen. Von belasteten Kindern über minderjährige Mütter bis zur Betreuung Sterbender im Hospiz ist der Bogen über die Generationen gespannt. Vielleicht sehen Sie besonderen Handlungsbedarf im Umgang mit Menschen, die aus anderen Ländern zu uns gekommen sind und jetzt Schwierigkeiten haben sich einzuleben. Vielleicht haben Sie religiöse Motive oder Sie sorgen sich um Umwelt- und Naturschutz. Die meisten Politiker sind übrigens ehrenamtlich tätig. Kultur ist ohne ehrenamtliche Unterstützung in weiten Bereichen gar nicht mehr vorstellbar. Auch im Sport gibt es vielfältigste Betätigungsmöglichkeiten. Wie gesagt: Die Liste lässt sich lange fortsetzen.

Erstellen Sie sich ein regionales Ehrenamts-Alphabet. Tragen Sie alle Angebote aus Ihrer Umgebung ein, die Sie herausgefunden haben. Jetzt haben Sie einen sehr konkreten Überblick über die Möglichkeiten vor Ort.

Wie wollen Sie sich engagieren?

Wollen Sie anpacken oder kommunizieren? Talente aller Art sind im Ehrenamt gefragt. Kindern Geschichten vorzulesen, ist ein wunderbares Erlebnis, Bedürftige mit kostenlosen Lebensmitteln zu versorgen ebenso. Entscheiden Sie sich für das, wozu Sie am meisten Bereitschaft verspüren.

Wie viel Freiraum brauchen Sie?

Feste Zeiten können von Ihnen als angenehm oder als belastend empfunden werden.

Wollen Sie sich überhaupt auf feste Zeiten einlassen oder wollen Sie über Ihren Einsatz jeweils selbst das letzte Wort behalten?

Sie wollen schließlich über längere Zeit bei der Sache bleiben. Da müssen die Randbedingungen zu Ihnen passen, und da Sie sich ohne Lohn engagieren, dann doch bitte so, dass Ihnen die Konditionen zusagen.

Für wie lange wollen Sie sich verpflichten?

Was ist Ihre Devise: „Ich bin dabei, solange es mir Spaß macht" oder: „Ich will mich auf jeden Fall für längere Zeit einbringen".

Wenn Sie spontan mehr versprechen, als Sie später halten können, kommt schon bald ein Problem auf Sie zu. Warum auch sollten Sie mehr zusagen, als Ihnen lieb ist. Sie sind doch frei in Ihren Entscheidungen.

Vielleicht aber wollen Sie sich verpflichten und ein verbindliches Zeitangebot festlegen. Dann lassen Sie sich nicht davon abhalten.

Wie wollen Sie eingebunden sein?

Oft werden Sie mit hauptamtlich Beschäftigten zu tun haben. Für Hauptamtliche ist die Zusammenarbeit mit Ehrenamtlichen nicht immer einfach.

Anweisungen werden Sie sich nicht erteilen lassen wollen. Da wird man an Ihre Einsicht appellieren und mitunter Geduld mit Ihnen haben müssen.

Ist das hauptamtliche Umfeld für einen kooperativen Umgang mit Ihnen bereit und in der Lage? Das wissen Sie natürlich erst später. Achten Sie auf erste Signale:

- Wie ist der Umgang mit Ihnen?
- Spüren Sie Freude über Ihre Anwesenheit?
- Ist die Stimmung offen und vertrauensvoll?
- Wird Ihr Engagement gewürdigt?

Handeln Sie altruistisch?

So direkt haben Sie sich die Frage vielleicht noch gar nicht gestellt. Wer sich ehrenamtlich engagiert, tut dies für andere. Und wer dies ehrenamtlich tut, erwartet keine Gegenleistung.

Das ist richtig. Zumindest keinen Lohn, abgesehen vielleicht von der Erstattung von Auslagen, Fahrtkosten usw.. Ohne Gegenleistung geht es trotzdem nicht, jedenfalls nicht über längere Zeit.

Die unverzichtbare Gegenleistung heißt Anerkennung. Das öffnet ein weites Feld. Anerkennung kann nämlich auf sehr unterschiedliche Weise erfolgen. Ebenso verschieden kann das sein, wofür Sie Anerkennung erwarten.

Ist Ihnen Anerkennung wichtig für:
- die Bestätigung Ihrer fachlichen Leistungen,
- Ihre kommunikativen Fähigkeiten,
- Ihre Einsatzbereitschaft,
- Ihre Bereitschaft Neues anzupacken,
- Ihre Fähigkeit, auch schwierige Probleme zu meistern,
- Ihre Fähigkeit, ein Strahlen in Gesichter zu zaubern von Menschen, die es gerade besonders schwer haben,
- oder für alles zusammen,
- oder für etwas ganz anderes?

Finden Sie heraus, wofür Ihnen Anerkennung wichtig ist. Sie sollten die Anerkennung Ihres Engagements genauso ernst nehmen wie Ihre ehrenamtliche Tätigkeit selbst. Das Thema ist so wichtig, dass ihm ein eigener Schwerpunkt gewidmet ist.

Mein Motiv ist soziale Gerechtigkeit

Eine meiner Erinnerungen aus dem Umfeld während meiner Kindheit ist: Armut grenzt aus. Ich habe mich dafür eingesetzt, dass es meiner Familie und mir einmal besser geht und das ist mir auch gelungen. Im Laufe meines Berufslebens war ich viel unterwegs. Stabile Freundschaften konnten darum über all diese Jahre nicht entstehen. Inzwischen habe ich mein Berufsleben beendet und jetzt wurde mir bewusst, dass ich in meiner Stadt ein Unbekannter war. Das wollte ich ändern und habe ich mich ehrenamtlich engagiert. Wenn ich heute aus dem Haus gehe, treffe ich auf Menschen, die mich kennen und die wissen, was ich mache. Meine Ehrenämter haben mich bekannt gemacht. Es ist ein gutes Gefühl für mich, wahrgenommen zu werden.

Viele Menschen sind von der Möglichkeit eines erfüllten Lebens ausgeschlossen. Mir war von Anfang an klar: Ich wollte mich für soziale Belange einsetzen. Ich kann nicht tatenlos daneben stehen, während soziale Ausgrenzung zunimmt. Also habe ich mich im sozialen Bereich engagiert. Mein Gerechtigkeitssinn gibt mir Richtungen vor. Er hilft mir, klare Positionen einzunehmen und zu vertreten. Und ich spüre, dass ich dafür Anerkennung bekomme. Vor allem aber erlebe ich, dass ich etwas bewirke, andere Menschen sensibler werden, meine Ansichten mit Wertschätzung aufgenommen werden. Mir tut das gut, auch wenn es oft mit großen Anstrengungen verbunden ist. Das ist mir die Sache aber allemal wert.

Ich habe neue Freunde gewonnen, die ähnlich denken wie ich. Auch diese Freundschaften verdanke ich meinem ehrenamtlichen Engagement. Heute kann ich sagen: meine Aktivitäten haben mir ein neues zu Hause gegeben.

Michael Maass, Programmierer

Sind Sie qualifiziert?

Welche Anforderungen erfüllen Sie?

Für viele Ehrenamtsinteressierte ist eine der großen Fragen, ob sie denn über Fähigkeiten verfügen, die gebraucht werden. Es ist nicht immer ganz einfach, das richtige Maß zu finden zwischen Selbstunterschätzung und Selbstüberforderung.

Vieles wird sich aus der Praxis ergeben. Mit dem Engagement ergeben sich Fragen, auf die Sie Antworten suchen werden. Als Praktiker nutzen Sie vertiefende Theorie, sobald und soweit Sie für Ihren Bedarf hilfreich ist. Das ist eine sehr effiziente Methode, schnell anzufangen und zu gegebener Zeit Fachliteratur oder andere fachliche Hilfe zu Rate ziehen.

Einrichtungen, in denen besondere Vorkenntnisse erforderlich sind, sorgen vor. Für bestimmte Aufgaben werden Sie dort vorab fachlich qualifiziert.

Viele Einrichtungen bieten auch später noch Weiterbildungsmöglichkeiten an, um Sie in Ihrem Engagement zu unterstützen.

Agieren Sie flexibel

Gehen Sie nicht zu hart mit sich ins Gericht. Manche Talente gedeihen erst in der für Sie passenden Umgebung. Vielleicht merken Sie ganz unerwartet, wie viel Spaß es Ihnen macht, anderen vorzulesen. Ohne den Anfangssprung ins kalte Wasser hätten Sie diese Erfahrung nicht machen können.

Vielleicht aber merken Sie während des Vorlesens, dass immer wieder Unruhe entsteht. Es macht Ihnen Mühe, Konzentration zum Zuhören entstehen zu lassen. Sie entscheiden sich statt des Vorlesens für Bastelangebote und sind selbst überrascht, wie gut diese Angebote angenommen werden und wie viel Spaß Ihnen diese Aufgabe bereitet. Ein Hobby ist schön, es mit anderen zu teilen noch viel schöner.

TEIL 3: PLANUNGSZEIT

Anerkennung, aber welche?

Vielen Menschen ist es unangenehm, über die Anerkennung ihres Engagements zu sprechen. Oft denken sie selber auch nicht sehr gründlich darüber nach. Altruistisch sind sie damit noch lange nicht, warum auch.

Anerkennung ist ein sehr schönes Gefühl. Warum sollten Sie auf eine so wertvolle Bestätigung verzichten?

Suchen Sie nach äußerer Anerkennung?

Dann begeben Sie sich ins Rampenlicht. Sie verwenden Zeit und Energie darauf, Experten, Politiker, Prominente für Ihre Sache zu interessieren. Sie stellen Kontakte zur Presse her, im Regionalfernsehen haben Sie auch schon einen Beitrag untergebracht. Sie kennen die Mitglieder der Ratsfraktionen und Verantwortliche in wichtigen Institutionen. Mit all diesen Kontakten haben Sie hervorragende Ausgangsbedingungen geschaffen etwas zu bewegen. Ihre Sponsoringerfolge sind legendär!

Wenn Ihnen dann nach Jahren des Engagements tatsächlich eine Verdienstmedaille verliehen wird, ist es nur Recht. Ganz so glorreich muss Ihre Ehrenamtskarriere nicht unbedingt verlaufen. Immer aber hat äußere Anerkennung etwas damit zu tun, ein wenig öffentlichen Glanz zu genießen.

Suchen Sie nach innerer Anerkennung?

Innere oder ganzheitliche Anerkennung erfolgt oft sehr versteckt. Sie brauchen mitunter besondere Achtsamkeit, um sie überhaupt wahrzunehmen. Innere Anerkennung kann eine sehr wertvolle Erfahrung für Sie sein:

- Das Wiedererkennen Ihrer Person durch einen Demenzkranken rührt Sie zutiefst an.
- Sie spüren, dass Ihre Angehörigen auf Ihr Engagement stolz sind.
- Sie erfahren in Ihrem Wirkungsfeld Aufmerksamkeit für Ihr Engagement.
- Sie erleben Freundlichkeit und Offenheit bei den Menschen, mit denen sie zu tun haben.

Innere Anerkennung ist selten spektakulär. Es sind vielmehr die kleinen Zeichen, die Ihnen gut tun. Oft für andere fast unsichtbar können Sie diese Formen der Anerkennung persönlich tief berühren.
Auf dem Präsentierteller kommt diese Anerkennung nicht daher. Umso eindringlicher ist dafür ihre Wirkung.

Anerkennung als Pflichtübung

Wertvolle Anerkennung braucht die persönliche Ansprache. Pauschale Anerkennung aller im Saale Geladenen ist wenig überzeugend. Vorsicht also vor halbherzigen Anerkennungsritualen. Politiker und Verbandsvertreter nutzen gerne solche Möglichkeiten, weil es so schön praktisch ist.
Der jährliche Neujahrsempfang der vielen hundert Ehrenamtlichen wirkt eher als Pflichtübung, denn als Ausdruck

empfundener Dankbarkeit. Wollen Sie sich eine solche Pflichtveranstaltung wirklich zumuten?

Und wer feiert da eigentlich wen? Nur zu gern stellen die Veranstalter sich selbst ins Rampenlicht. Die Geehrten sind die Statisten der Veranstaltung, zum Nulltarif versteht sich.

Achten Sie darauf, dass Anerkennung
Ihnen persönlich gegenüber ausgesprochen wird,
zur richtigen Zeit und am richtigen Ort.

Natur ist mein Leben

Ich hatte das Glück, Eltern zu haben, die mich so oft wie möglich in die Natur hinaus begleiteten. In der Natur fühle ich mich zu Hause. Ich bin ein Naturmensch.

Als Lehrerin beobachte ich seit vielen Jahren, dass Kinder ihren Bezug zur Natur mehr und mehr verlieren. Dafür gibt es viele Gründe, aber keinen, der unabänderlich ist.

Meine Leidenschaft ist es, für andere etwas zu tun, insbesondere für Kinder. Franz Müntefering hat einmal gesagt: „Man sollte nichts so lassen, wie es ist. Man sollte etwas verändern, aber nicht alleine, sondern mit anderen." So habe ich mich ehrenamtlich engagiert, um Kinder und Natur wieder zusammen zu bringen. Gerade für Kinder, die nicht so gut in der Welt zurecht kommen, bieten Angebote in der Natur sehr wertvolle Hilfen zur Entfaltung ihrer Persönlichkeiten. Mit Ehrgeiz, Hartnäckigkeit, einer großen Portion Durchhaltevermögen ist mir das auch ganz gut gelungen.

Meine wichtigste Anerkennung erfahre ich von den Kindern selbst, wenn ich erlebe, wie sie Kraft schöpfen und es ihnen gelingt, ihr Leben besser zu meistern. Es ist ein gutes Gefühl, meine Leidenschaft für die Natur und die Unterstützung für Kinder zusammen zu bringen. Heute bin ich stolz über das, was ich mit Gleichgesinnten auf die Beine stellen konnte. Ich hoffe darum, dass ich dieses Ehrenamt noch lange ausüben kann.

Gesine Goltz, Lehrerin

Anerkennung: Ja, wo bleibt sie denn?

Die Anerkennung bleibt aus? Dann haben Sie ein Problem. Engagement ohne Anerkennung geht auf Dauer nicht. Sie fühlen sich zunehmend unwohl, sind müde, fühlen sich ausgelaugt. Ihre Stimmung leidet. Sie sind bedrückt.

Gehen Sie schnell den Ursachen auf den Grund. Sind es Gründe auf Zeit, können Sie sich selbst über die schwierige Zeit helfen. Das geht ganz einfach. Sie müssen sich nur trauen. Und Sie müssen ein missverständliches Sprichwort übergehen: „Eigenlob stinkt". Wenn die Anerkennung durch andere ausbleibt und wenn Sie wissen, dass dieser Zustand nicht von Dauer ist, retten Sie sich selbst: Sprechen Sie sich Anerkennung aus für all das, was Sie Gutes und Erfolgreiches vollbringen.

> *So habe ich mir das Rauchen abgewöhnt: Die ersten Tage habe ich mich ununterbrochen selbst gelobt. Später wurde das Eigenlob nach und nach entbehrlich, und jetzt bin ich seit 20 Jahren Nichtraucher. Das ständige Eigenlob konnte ich nach und nach wieder einstellen.*

Aber Vorsicht: Loben Sie sich nur, wenn Sie allein sind, dafür dann umso herzlicher!

Und sorgen Sie dafür, dass diese Arbeit bald wieder von anderen übernommen wird. So erhalten Sie sich Ihr Engagement und die Befriedigung, die Sie daraus gewinnen. Da wäre es doch schade gewesen, wenn Sie diese wirkungsvolle Selbststärkung durch vorübergehendes Eigenlob ausgelassen hätten. Dafür loben brauchen Sie sich jetzt nicht, aber freuen sollten Sie sich schon!

Mein Ehrenamt kam zu mir

Mein Ehrenamt habe ich nicht gesucht, es hat mich gefunden. Zunächst benötigte ich selber Hilfe, war an einem Punkt angelangt, wo mir die Kraft fehlte für meinen Beruf, ein klassischer Fall von Burn-out-Syndrom.

In einer Selbsthilfegruppe haben wir uns gegenseitig Unterstützung gegeben. Heute bin ich wieder voll aktiv und betreue zusätzlich die Selbsthilfegruppe. Ich weiß aus eigener Erfahrung, wie ich andere unterstützen und sie aus ihrer Talsohle wieder herausholen kann. Ich leiste aktive Hilfe zur Selbsthilfe für andere und trage dazu bei, dass sie ihre Probleme besser meistern können. Dafür spüre ich – nicht immer und an jedem Tag – aber über die Zeit Anerkennung.

Besonders deutlich wird das, wenn ich an einem Treffen aus terminlichen Gründen nicht teilnehmen kann. Dann höre ich ganz direkt von den anderen, dass ich ihnen gefehlt habe und wie wichtig es ihnen ist, dass ich beim nächsten Mal wieder dabei bin. Das freut mich und motiviert mich zugleich.

Ich wende meiner Anerkennung keine sehr große Aufmerksamkeit zu. Wenn ich aber von Zeit zu Zeit mal die Entwicklungen in dieser Gruppe an mir vorbei ziehen lasse, dann wird mir wieder bewusst, dass ich eine wichtige und helfende Rolle innehabe. Ich hoffe, mit Unterstützung der Gruppe noch vielen Hilfesuchenden helfen zu können.

Wolfgang Dahms, Versicherungsfachmann

Ehrenamt und Hauptamt

Die Zusammenarbeit von Ehrenamtlichen und hauptamtlich Beschäftigten ist nicht immer einfach. Für beide Seiten
ergeben sich aus der gemeinsamen Tätigkeit besondere
Herausforderungen. Beide Seiten können das Scheitern der
Zusammenarbeit verursachen. Damit es dazu nicht kommt,
ist wechselseitiges Verständnis unumgänglich.

Hauptamtliche haben es nicht immer leicht.....

Ehrenamtliche haben einen Sonderstatus. Der Gehaltsver-
zicht bringt Ihnen im Gegenzug einige Privilegien: Arbeits-
zeiten, Arbeitsaufgaben, Umfang des Engagements, Auszei-
ten für private Angelegenheiten: All dies sind Bedingungen,
die Ehrenamtliche mit den Partnern frei aushandeln können. Davon können Hauptamtliche nur träumen. Ehrenamtliche dürfen vieles, was den Festangestellten versagt
bleibt. Das kann zu Spannungen führen.
Es ist schon viel gewonnen, wenn sich beide Seiten bewusst sind, dass dies sensible Themen sind und sie sich
entsprechend umsichtig verhalten.

..... Ehrenamtler auch nicht

Das gemeinsame Wirken kann aber auch aus ganz anderen
Gründen gestört sein. Nicht nur Hauptamtliche stehen bei
der Zusammenarbeit mit Ehrenamtlern oft vor einer für sie
schwierigen Situation. Auch für Ehrenamtliche ist diese
Rolle in der Regel neu. Engagierte Mitarbeit kann schnell
als ungerechtfertigte Einmischung missverstanden werden.
Und intensive Mitbeteiligung kann über das Ziel hinaus-

schießen. Da stellt sich die Frage, was ist gut, und was ist zu viel?

Wie immer gilt: Möglichst frühzeitig über Spannungen sprechen und bereit sein, aber auch Bereitschaft erwarten, Konflikte zu bereinigen. Hilft das alles nichts, ist es besser, etwas anderes zu suchen, als Konfrontationen zu ertragen.

Statt Anerkennung spüren Sie Neid?

Nur weil Sie Gutes tun, sind Ihnen Dankbarkeit und Anerkennung noch lange nicht gewiss. Nicht alle menschlichen Eigenschaften machen das Leben leichter. Missgunst ist eine solche Eigenschaft, die Ihnen erheblich zu schaffen machen kann.

Kommt es im Umgang mit Ihrer Person zu Herabwürdigungen, kann das Folge von Neid sein.

Missgunst hat viele Auslöser. Hauptamtlich Beschäftigte können Ihnen neiden, dass Sie besondere Freiräume oder Privilegien haben. Sie kommen nie vor 10 Uhr morgens und das auch nur zweimal in der Woche. Die Bezahlten müssen schon um 8 Uhr auf der Matte stehen. Da spielt es unter Umständen keine Rolle, dass Sie kein Gehalt beziehen.

Bei Neid gibt es nur eins: Offen und direkt ansprechen. Entweder lösen Sie damit das Problem oder Sie sind gut beraten, sich anderswo zu engagieren. Arbeiten Sie nicht unter belastenden Bedingungen. Keine Entlohnung und dann noch Stress durch Neidgetratsche, das sollten Sie sich auf keinen Fall zumuten.

Worauf Sie besonders achten sollten

Wertschätzung lässt sich nicht verordnen. Wenn sie aber ausbleibt, ist das ein sicheres Zeichen, dass etwas schief läuft: Zeichen von Herabsetzung, von Unaufmerksamkeit, von Nachlässigkeit im Umgang mit Ihnen sind Alarmsignale.

Mitspracherechte müssen klar geregelt sein. Klare Grenzen und Regeln weisen den Rahmen für Rollen und Kompetenzen zu.

Kompetenzen müssen vereinbart und verteilt sein.

Aufgabenbereiche müssen auf eine eindeutige und nachvollziehbaren Weise strukturiert sein.

Mich reizt die Politik

Ich bin von zu Hause aus geprägt worden mich zu engagieren. Mein Vater war Pastor und sehr frühzeitig in der Gewerkschaftsbewegung aktiv. Er hat auf diese Weise christliches Denken und politisches Handeln verknüpft. Das hat sich in mir fortgesetzt. Das sind meine Wurzeln und die leiten mich bis heute. Jesus war ganz sicher immer parteiisch für die Kleinen und Schwachen, er war ein leidenschaftlicher Kämpfer für Gerechtigkeit. Da finden Christentum und Politik zusammen, auch wenn es im Alltag viele Widersprüche gibt.

Ich glaube, dass Gott im politischen Einsatz für eine gerechtere Welt auf unserer Seite ist. Hier sehe ich die Verknüpfung der christlichen Soziallehre mit aktiver Kommunalpolitik. Im politischen Alltag lebt dieser Gedanke noch zu wenig. Aber es gibt sie, diese andere Seite: In meinem Wahlkreis wissen die Menschen, dass sie mir vertrauen können, ich mich für sie einsetze, und ich spüre die Anerkennung dieser Menschen für meine Geradlinigkeit.

Trotz alledem: Politik ist ein hartes Geschäft und das gilt ebenso für Kommunalpolitik. Man braucht eine hohe Frustrationstoleranz. Warum also tue ich mir das an? Aus zwei Gründen: ich bekomme Anerkennung, vor allem von den Menschen, für die ich mich einsetze, und ich bewege etwas, trage also dazu bei, die kleine kommunale Welt etwas wohnlicher zu gestalten. Beides gibt mir ein gutes Gefühl, mal mehr die Anerkennung, mal mehr das politische Wirken.

Lienhard Böhning, Kommunalpolitiker

Ehrenamt und Geld

Eine der ersten Erfahrungen im Ehrenamt ist, dass ohne Geld so gut wie gar nichts geht. Und in der Regel ist das zunächst mal Ihr eigenes Geld. Ob Sie zu Ihrem Einsatzort mit dem Bus oder Ihrem PKW fahren: Das kostet Ihr Geld. Ob Sie am Telefon Termine absprechen, e-mails am Computer erstellen, sich im Café mit Gleichgesinnten treffen: Kosten gibt es immer. Auch wenn sie in den jeweiligen Einzelfällen noch überschaubar sind: Über die Zeit summieren sich diese Ausgaben.

Sachkostenentschädigung

Manchmal werden Ihnen Sachkosten erstattet. Das ist eine gute Sache. Nehmen Sie die Erstattung an. Wenn Sie Gutes tun wollen, spenden Sie am Jahresende soviel zurück wie Sie mögen. Dann gibt es dafür eine steuerlich absetzbare Spendenquittung.

Aufwandsentschädigung

Mit diesem Begriff ist etwas anderes gemeint: Der Aufwand an Zeit für bestimmte Tätigkeiten.
Aufwand kann die Vorbereitung eines Vortrages sein und natürlich der Vortrag selbst. Aufwand kann das Besorgen und Zusammenstellen von Material sein, z.B. für eine Kreativgruppe im Seniorenheim.
Je großzügiger diese Entschädigung ausfällt, desto mehr nimmt sie den Charakter einer Entlohnung ein.
Das ist ein Dauerthema kontroverser Positionen. Lassen Sie sich nicht beirren. Sie selbst und Sie allein müssen das für Sie richtige Maß herausfinden.

Vergünstigungen

Vergünstigungen sind eine weitere Form äußerer Anerkennung. Nehmen Sie solche Angebote an. Wann die Grenze der Verhältnismäßigkeit erreicht ist, bestimmen Sie selbst. Sie können aber sicher sein, dass diese Frage die krasse Ausnahme darstellt und wohl kaum übermäßig oft von Ihnen zu beantworten sein wird.

Wenn Sie ehrenamtlichen Museumsdienst leisten, werden Sie erwarten können, dass Sie zur Eröffnung der nächsten Sonderschau eingeladen werden. Schließlich gehören Sie ja dazu.

Große Organisationen haben im übrigen andere Möglichkeiten als kleine Initiativen. Vielleicht können Sie am Mittagessen einer sozialen Einrichtung teilnehmen, vielleicht gelegentlich ein Fahrzeug benutzen. Sonderrechte gegenüber anderen Mitarbeitern sollten Sie zurückweisen. Den daraus resultierenden Unmut müssen Sie nicht auf sich ziehen.

Ehrenamt als Sprungbrett

Neue Arbeit durchs Ehrenamt

Es gibt unendlich viele Motive für ehrenamtliches Engagement. Arbeitslosigkeit ist nur eines, aber ein sehr einschneidendes. Anstatt zu Hause auf das Ende der Arbeitslosigkeit zu warten, können Sie sich in dieser Zeit ehrenamtlich engagieren. Vielleicht wird aus dem Ehrenamt später eine feste Anstellung.

Wer zum Beispiel im sozialen Bereich Aufgaben wahrnimmt, sich neue Kenntnisse aneignet, Zuverlässigkeit beweist und hilfreich im Team wirkt, erhöht gegenüber anderen Bewerbern die Chancen auf einen festen Arbeitsplatz.

Diese Absicht hinter der Übernahme eines Ehrenamtes ist in Ordnung. Sie ist sogar besonders anerkennenswert, weil sie auf eigene Aktivität begründet ist.

Im richtigen Moment sollte das Thema offen angesprochen werden.

Fließende Übergänge

Manchmal erwachsen aus einer ehrenamtlichen Tätigkeit ganz andere Perspektiven. So könnte es sein, dass Sie Ihre Erfahrungen aus ihren ehrenamtlichen Tätigkeiten an andere Ehrenamtliche im Rahmen von Qualifizierungsangeboten weitergeben. Wenn andere Referenten in Ihrem Umfeld dafür bezahlt werden, warum nicht auch Sie.

Nur weil Sie für eine bestimmte Aufgabe die ehrenamtliche Form gewählt haben, darf das nicht für alles andere und für alle Zeiten gelten.

Mein Engagement erweitert meine Möglichkeiten

 *Ich habe mir ganz gezielt ein Ehrenamt gesucht, in dem ich mich ausprobieren kann, nach Talenten in mir forschen kann, die ich bis dahin nicht entwickeln konnte. Das waren einmal ganz praktische Dinge: Über meine Aufgaben im Ehrenamt habe ich mich in kaufmännisches Denken eingearbeitet. Das hilft mir heute auch beruflich.*

Mindestens genauso wichtig ist für mich eine andere Form des Umganges mit Menschen in meinem Ehrenamt. Beruflich bin ich an eher hierarchische Strukturen gewöhnt und weiß, wie ich mich darin zu bewegen habe. In meinem Ehrenamt verständigen wir uns ganz anders. Wir reden gleichberechtigt miteinander, suchen gemeinsam nach Lösungen, machen Kompromisse, diskutieren sehr offen und manchmal auch sehr zeitaufwändig. Diese Erfahrungen erweitern meine Verhaltensmöglichkeiten in meinem beruflichen Umfeld.

Mein Ehrenamt macht mir aus diesen Gründen doppelte Freude: es ist die Freude daran, mit anderen zusammen etwas verändern zu können, und es ist die Befriedigung, dass ich etwas für mich und für meinen Beruf zurück bekomme: Erweiterte Kompetenzen und größere Handlungsspielräume.

Ich bereue keine Sekunde, dass ich mich zu meinem ehrenamtlichen Engagement entschlossen habe.

Käthe Fromm, Bauingenieurin

Die Suche nach dem Ehrenamt

Wie finden Sie ein für Sie passendes Ehrenamt? Für diese Aufgabe gibt es viele Wege. Sie können eine Ehrenamtsmesse besuchen. Solche Veranstaltungen finden in größeren Städten in regelmäßigen Abständen statt.

Sie können sich auf den Weg ins Bürgerbüro machen. Größere Städte haben so etwas. Dort liegen Broschüren aus, die weiterhelfen. Manche Städte haben zudem eine Ehrenamtsagentur, die Ihnen beratend zur Seite steht.

Je kleiner der Ort, in dem Sie leben, um so weniger solcher Angebote gibt es. Aber dafür ist die Lebenswelt auch nicht so anonym und Sie kennen die möglichen Aktivitätsfelder ohnehin.

Und dann gibt es noch das Internet. Sie brauchen nur bei Google den Begriff „Ehrenamt" einzugeben und schon werden Sie fündig.

Hier einige Treffer:
> www.ehrenamtlich.de/
>> Dort finden sind die Angebote nach Orten geordnet, so dass Sie schnell eine Übersicht über die Angebote in Ihrer Umgebung finden.
> www.helpedia.org/
>> Diese Website ist ganz ähnlich aufgebaut wie die vorige.
> www.b-b-e.de/
>> Hier finden Sie sehr umfangreiches Material zum Thema Ehrenamt und viele Adressen.
> www.ehrenamtsportal.de/
>> Diese Website sortiert nach Einsatzbereichen und nach Einsatzorten und ist sehr umfassend.

www.buerger-engagement.de/
Höchst offiziell im Bündnis von Politik,
Sparkassen und weiteren Förderern eingerichtet gibt auch diese Website eine Viel-
zahl nützlicher Hinweise.

Das ist nur ein kleiner Ausschnitt. Geben am besten selbst
Suchworte ein wie „Ehrenamt", „Freiwillig", „bürgerschaftliches Engagement". Sie werden überrascht sein über die
Angebotsfülle. So finden Sie auch viele Websites auf Lan-
des- oder sogar Ortsebene sowie Websites von Organisationen.

Daneben gibt es weitere Möglichkeiten zum Engagement,
die weniger im Rampenlicht stehen. Darum hier ein paar
Worte zu einigen speziellen Ehrenämtern:

- **Politik**
  Gemeinderäte, Ortsvereine der Parteien, kommunale Parlamente sind einige der Ebenen für politisches Engagement. Auch wenn es nicht immer so-
  fort Dankbarkeit regnet, ist politisches
  Engagement ein wichtiges Feld. Es ist das Funda-
  ment jeder Demokratie.

- **Soziale Bewegungen**
  Bürgerschaftliches Engagement in sozialen Bewe-
  gungen, in Initiativen zum Schutz der Umwelt, in
  Menschenrechtsorganisationen oder in politischen
  Gruppierungen ist Grundlage einer starken und ak-
  tiven Zivilgesellschaft.
  In der Öffentlichkeit werden diese Bewegungen
  mit dem Begriff Ehrenamt zumeist gar nicht in
  Verbindung gebracht. Dabei sind diese Formen
  bürgerschaftlichen Engagements Ehrenamt pur:
  Verfügbare eigene Zeit einbringen in Aktivitäten

zur Verbesserung der gesellschaftlichen Wirklichkeit, der Umwelt, der Zukunftsfähigkeit.

- **Öffentliche Sicherheit**

  Die öffentliche Wahrnehmung der vielfältigen Formen ehrenamtlichen Engagements ist ziemlich begrenzt. Das hat auch mit öffentlicher Selbstdarstellung zu tun. Manche verwenden viel Energie auf die öffentliche Wirkung, andere nicht. So ist es kein Wunder, dass einige Bereiche kaum im Zusammenhang mit ehrenamtlichem Engagement wahrgenommen werden.

  Die freiwillige Feuerwehr ist so ein Beispiel. Viele Kommunen haben sie noch, die freiwillige Feuerwehr. Doch Nachwuchsprobleme bereiten seit Jahren erhebliche Zukunftssorgen.

  Die DRLG ist ein weiteres Beispiel. Mit großer Selbstverständlichkeit lassen wir uns beim Baden an Fluss- oder Seebädern von ehrenamtlichen DRLG-Mitgliedern beschützen.

- **Unternehmen**

  Viele kleine Gemeinschaftsunternehmen werden ehrenamtlich geführt, zum Beispiel in Aufsichtsräten und mitunter auch Vorständen von Genossenschaften. Ehrenamtlichkeit ist in diesen Fällen Voraussetzung für das Bestehen auf dem Markt. Solche Ehrenämter schaffen Arbeitsplätze in kleineren Unternehmen und bereichern die Marktwirtschaft. Manche haben Modellcharakter.

  Carsharing-Unternehmen, Bioladengemeinschaften, Windenergieerzeuger mögen als Beispiele genügen.

Interesse an Sozialpolitik

 Schon während meiner Schulzeit habe ich gern mit anderen zusammen diskutiert. Politische und gesellschaftliche Themen haben mich schon immer interessiert. Damals war mein Aktionsraum ein Jugendzentrum. Heute engagiere ich mich in einem Sozialverband mit festen Strukturen. War es anfangs noch ein schönes Gefühl, den Status dieses Ehrenamtes zu genießen, so ist es heute eher die Befriedigung, etwas bewegen und gestalten zu können. Ich habe das Glück, in einer verantwortungsvollen Position zu sein. So kann ich entsprechend viel Einfluss ausüben. Diese Freiräume möchte ich noch lange nutzen können, um im Rahmen meiner Möglichkeiten an der Gestaltung unserer Gesellschaft aktiv mitzuwirken.

Es geht meiner Familie und mir gut. Da ist es für mich selbstverständlich, der Gesellschaft etwas zurück zu geben. Ich bin froh, dafür so gute Möglichkeiten gefunden zu haben.

Ulf Skodda, Rechtsanwalt

TEIL 4:
EHRENAMT GUT –
ALLES GUT?

Probieren geht über Studieren

Indem Sie etwas für andere tun, können Sie gleichzeitig etwas für sich selber tun. Wie das geht? Ganz einfach: Probieren Sie sich aus!

Im Ehrenamt können Sie Ihre Talente erproben und entwickeln. Dabei lernen Sie vielleicht Facetten von sich kennen, die Ihnen bislang verborgen geblieben sind.

Im Gegensatz zu beruflichen Arbeitssituationen haben Sie im Ehrenamt einen Sonderstatus. Sie dürfen sich „versuchen". Vielleicht werden auch Angebote an Sie herangetragen, die unerprobte Talente von Ihnen abfragen.

Das Schlimmste, was Ihnen passieren kann, ist, dass Sie erkennen, sich übernommen oder vergriffen zu haben. Kein Problem, es bleiben Ihnen doch immer noch Ihre bewährten Talente. Weicher können Sie nicht fallen.

Solche neu erprobten Talente können Ihr Leben auch materiell bereichern. Vielleicht haben Sie Lust, sich mit einer Idee und Ihren neuen Talenten selbständig zu machen, vielleicht beteiligen Sie sich an bestehende Projekten in einer Beratertätigkeit.

Ehrenamtliches Engagement eröffnet mitunter Übergänge in Arbeitssituationen, die materielle Einkünfte bringen. Das ist kein Tabubruch, sondern Teil der Freiheiten aus Ihrem ehrenamtlichen Engagement.

Nehmen Sie sich Zeit:
Erproben Sie Ihre Talente!

Gelebtes Ehrenamt

Ehrenamt und das wirkliche Leben

Im Ehrenamt haben Sie mit anderen Menschen zu tun. Sie werden auf Menschen treffen, die offen sind, Ihnen Interesse entgegenbringen, Sie ermuntern und bestätigen. Sie werden aber auch auf Menschen treffen, die Skepsis zeigen, reserviert sind, vielleicht sogar ablehnend. Vielleicht begegnen Sie sogar offenen Vorurteilen. Das ehrenamtliche Umfeld ist kein Schutzraum. Erwarten Sie nicht, dass Ihnen Begeisterung entgegenschlägt, nur weil Sie sich ehrenamtlich engagieren.

Für Ihren persönlichen Schutz müssen Sie schon selber sorgen. Einige Tipps finden Sie im „bürgerlichen Ehrenamtsgesetzbuch BEGB" im Anhang dieses Buches.

Tue Gutes und rede darüber – oder auch nicht!

Vielen Menschen ist es unangenehm, über eigene Leistungen und Erfolge zu sprechen. Warum eigentlich? Sprechen Sie über Ihre Erfolge mit der gleichen Selbstverständlichkeit, mit der Sie Ihre Fehler einräumen. Ein bisschen Imagepflege kann nicht schaden. Erst in der Übertreibung wird Selbstdarstellung peinlich. Aber warum auch sollten Sie mit Ihren Taten prahlen?

Mit der Darstellung Ihrer eigenen Leistungen sorgen Sie dafür, dass Sie in Ihrem Umfeld angemessen wahrgenommen werden. Der Lohn ist Anerkennung. Manchmal kommt sie von selbst, manchmal muss man etwas nachhelfen. Das ist allemal besser, als auf Anerkennung zu verzichten.

Ehrenamtliche als Arbeitgeber

Ehrenamtliche Idealisten bringen erhebliche innovative Potentiale in gemeinschaftlich organisierte Projekte und Gemeinschaftsunternehmen ein. Viele neue Unternehmen wären ohne Ehrenamtliche nie gegründet worden. In der Gründungsphase ist vor allem eines knapp - das Geld. Ehrenamtliches Engagement kann die Gründungskosten ganz erheblich vermindern. Voraussetzung für diesen Weg: Die Begeisterung für das Projekt ist stärker als der Wunsch nach materiellem Ausgleich.

Die meisten dieser Projekte wählen als Rechtsform den eingetragenen Verein oder die eingetragene Genossenschaft. Den Verein leitet der Vorstand, die Genossenschaft leiten Vorstand und Aufsichtsrat. Diese ehrenamtlichen Projektaktivitäten finden meist von der Öffentlichkeit weitgehend unbemerkt statt. Sie haben dennoch eine gesellschaftlich bedeutsame Funktion und sie können sehr viel Freude bereiten. Wenn dabei noch neue Arbeitsplätze geschaffen und abgesichert werden, um so besser.

Solche Unternehmen sind Beispiele dafür, dass Gewinnmaximierung nicht unter allen Umständen das einzige und vorrangige Ziel von Unternehmen sein muss. Es geht auch anders, und es geht auch anders mit Erfolg.

Sie können sicher sein, dass diese Ehrenamtlichen beim alljährlichen Neujahrsempfang nicht eingeladen werden, nicht aus Bosheit, sondern weil sie gar nicht wahrgenommen werden. Sie werden generös darüber hinwegsehen. Sie wissen auch so, was Sie Wert sind!

Eine feste Gemeinschaft

Patrick: „Ich habe mal bei einem Pokalwettbewerb zugesehen, und da wusste ich, dass ich da mitmachen wollte. Heute ist die Jugendfeuerwehr mein großes Hobby. Mir gefällt, dass wir immer füreinander da sind. Das Team steht immer an erster Stelle. Bei uns hilft jeder jedem. Und wenn mal irgendwo etwas schief läuft, dann helfen wir uns gegenseitig, bis alles wieder in Ordnung ist."

Mathieu: „Die Gemeinschaft war für mich eine ganz neue Erfahrung. Das kannte ich vorher so nicht, dass man sich gegenseitig hilft und unterstützt, und dass die anderen auch darauf achten, ob jemand Hilfe braucht."

Janne: „Ich musste warten, bis ich 10 Jahre alt war. Ich bin jetzt 10 Jahre alt und jetzt endlich auch in der Feuerwehr. Mir macht die Feuerwehr einfach großen Spaß."

Mathieu: „Vielleicht gehe ich später einmal zur Berufsfeuerwehr. Das interessiert mich alles sehr und ich würde gern dabei bleiben."

Patrick: „Später werde ich vielleicht Rettungsassistent. Es kann gut sein, dass mein jetziges Hobby später zu meinem Beruf wird."

Janne: „Über Berufswünsche mache ich mir noch keine Gedanken. Ich habe ja auch noch Zeit, mich zu entscheiden. Mir gefällt die Jugendfeuerwehr ganz einfach und ich möchte gern noch lange dabei bleiben."

Mathieu, Patrick und Janne sind Mitglieder der Freiwilligen Jugendfeuerwehr.

Ehrenamt statt Arbeitsplatz?

Vernichten Ehrenamtliche Arbeitsplätze? Dieses wortgewaltige Argument ist so griffig wie polarisierend, ein klassisches Totschlagargument. Was soll man darauf antworten? Sind Sie denn wirklich sicher, dass es nicht tatsächlich Arbeitsplätze gibt, die lange bezahlt wurden und dann durch ehrenamtliche Arbeit ersetzt wurden?

In der Tat zieht sich der Staat seit Jahren aus Bereichen zurück, die früher zu seinen Pflichtaufgaben gehörten. Die hohe Staatsverschuldung genügt schon als Begründung. Ob die Staatsverschuldung nun hausgemacht ist, Folge internationaler Verwerfungen oder einfach dadurch entstanden ist, dass der Staat Reichtum begünstigt und Armut bestraft: das sind Wertungen, die Sie selbst vornehmen.

Wie aber umgehen mit dieser Frage? Prüfen Sie, ob Ihr Engagementbereich früher mit bezahlten Arbeitskräften besetzt war. Das ist relativ einfach heraus zu bekommen.

Ist das nicht der Fall, lassen Sie sich nicht verunsichern und schon gar nicht verunglimpfen. Engagieren Sie sich so, wie Sie sich das vorgenommen haben. Nicht immer sind die Antworten einfach.

Dazu ein Beispiel:

> *Häusliche Gewalt nimmt seit Jahren zu. Um die Gründe soll es hier nicht gehen. Tatsache ist: Der Rückzug des Sozialstaates führt dazu, dass Frauenhäuser immer weniger Zuwendungen bekommen und Stellen reduzieren müssen. Das gefährdet erst die Arbeitsfähigkeit und später die Existenz.*
>
> *Mit Ihrem ehrenamtlichen Einsatz im Frauenhaus können Sie Folgen der staatlichen Sparpolitik mindern. Vor allem können Sie dazu beitragen, dass Frauen in existenzieller Bedrohung nicht noch mehr leiden müssen, als dies ohne*

Frauenhäuser der Fall wäre. Arbeitsplatzvernichtung halten Sie so nicht auf. Wenigstens tragen Sie dazu bei, dass Frauen in existenzieller Not nicht darunter leiden müssen.

Stattdessen können Sie aber auch eine Initiative gründen, Druck auf die Parteien ausüben, ein Netzwerk gegen häusliche Gewalt gründen, Demonstrationen organisieren, sich vor den Dienstwagen des Bürgermeisters setzen......

Und wenn Ihnen das nicht genug ist, können Sie auch beides tun: Sie engagieren sich aktiv im Frauenhaus und verbünden sich mit Gleichgesinnten, um politischen Druck auszuüben.

Eines aber sollte unter allen ehrenamtlich Engagierten klar sein:

Bürgerschaftliches Engagement ist kein Reservebudget für Politiker, um die Haushaltslage in den Griff zu bekommen!

Es liegt in der gemeinsamen Verantwortung aller ehrenamtlich Aktiven, diesen Aspekt sehr genau ins Auge zu fassen. Ehrenamtler sind keine Umsonstis, die immer und zu jeder Zeit dort einspringen, wo gerade mal wieder der Rotstift eine materielle Existenz zusammengestrichen hat.

Darum eine ganz einfache Botschaft: Lassen Sie sich nicht für fremde Interessen instrumentalisieren. Das Niederreißen sozialer Netze kann nicht in Ihrem Interesse sein. Schließlich engagieren Sie sich für und nicht gegen Menschen.

Vorsicht vor Platzhirschen

Menschen bringen sehr unterschiedliche Energien mit. Manche wollen Berge versetzen, andere lieber Bestehendes am Leben erhalten. Kranken Gesellschaft zu leisten, ihnen zuzuhören und Beistand zu leisten, braucht innere Ruhe und viel Geduld. Das ist das falsche Revier für die Bergeversetzer.

Dynamische Menschen sind begehrt, aber nicht alle. Platzhirsche hinterlassen Schlachtfelder. Das sind die Egomanen unter den Ehrenamtlern. Sie sind nicht dynamisch, sie sind hyperdynamisch. Erfolgs- und Anerkennungssucht treiben Platzhirsche durch die Ehrenamtslandschaften. Sie sind die Einzigen, die wirklich Bescheid wissen, müssen alles unter Kontrolle halten, wecken bei Außenstehenden die größten Erwartungen und hinterlassen größte Enttäuschungen.

Am besten für alle ist es, wenn solche Platzhirsche gar nicht erst auftauchen. Wenn Sie einmal da sind, können Sie den Platzhirsch vertreiben oder er vertreibt sie.

Wie man Platzhirsche vertreibt? Bilden Sie eine große Koalition aller Leidensgenossen und bieten Sie Paroli. Er wird Sie alle für verrückt halten, und das ist das Beste, was Ihnen passieren kann. Mit Verrückten will er nämlich nichts zu tun haben.

Am schlimmsten wird es, wenn Ihnen der Platzhirsch anfängt leid zu tun und Sie verständnisvolle Rücksicht nehmen. Aus dieser Fallgrube kommen Sie nur im Rückwärtsgang wieder raus. Als Folge nervt der Hirsch weiter und Sie können sich ein anderes Ehrenamt suchen.

Haben Sie schon vermutet, dass Platzhirsche in der Regel Männer sind? Ist leider so.

Abgesichert?

Bei allem guten Willen, den Sie investieren, sollte wenigstens Ihre Gesundheit und Ihre materielle Existenz bei Ihrem ehrenamtlichen Einsatz abgesichert sein. Das sehen Politiker genau so. Leider heißt das noch nicht, dass tatsächlich das Nötige getan wird.

Damit es nicht zu einfach für Sie wird, gibt es von Bundesland zu Bundesland unterschiedliche Regelungen. Konkrete Hinweise finden Sie im Internet.

Mindestens gegen Unfälle sollten Ehrenamtliche versichert sein. (Haftpflichtversichert sind Sie hoffentlich sowieso.) Gerade weil es so viele ehrenamtlich Engagierte gibt, ist jede Regelung allerdings mit spürbaren Kosten für die öffentlichen Haushalte verbunden. Das ist sicher einer der Gründe für unzureichende Absicherung.

An Argumenten fehlt es nicht. Berechnungen der materiellen Leistungen, die Ehrenamtliche erbringen, kommen zu gigantischen Summen. Die Versicherung könnte der Staat dagegen aus der Portokasse bezahlen. Doch diese Aufrechnung wird so nicht vorgenommen.

So bleibt es eine Sache des politischen Anstandes, Bürger, die sich aktiv für die Gesellschaft engagieren, gegen Unfallrisiken abzusichern. Das haben einige Bundesländer eingesehen und gehandelt. Andere sehen lieber weg.

Die Forderung an den Staat ist unzweideutig:

Ohne Absicherung gegen Unfallfolgen im Ehrenamt geht es nicht!

Auf geht's

Sie haben es geschafft! Jetzt sind Sie fit für das Ehrenamt. Sie wissen, was Sie wollen und wie Sie es anpacken. Es ist Ihnen klar, worauf Sie achten werden und worauf Sie besonderen Wert legen.

Das sind beste Voraussetzungen, sich jetzt auf den Weg zu machen, auf den Weg zu einer ehrenamtlichen Tätigkeit, die Ihnen Freude bereitet und Ihnen ein gutes Selbstwertgefühl schenkt.

Sie wissen, was Sie tun müssen, damit sich diese Wünsche erfüllen, und Sie erkennen rechtzeitig, wann Sie sich in einer Sackgasse zu verlieren drohen.

Sie werden Anerkennung spüren, neue Freunde finden, neue Erfahrungen machen. Und bald werden Sie auf Ihr Ehrenamt gar nicht mehr verzichten wollen und dies aus einem einfachen Grund: Weil das Ehrenamt Ihr Leben bereichert.

Sie sind jetzt neues Mitglied in der Ehrenamtsloge oder wollen es zumindest gerade werden. Aus technischen Gründen müssen wir an dieser Stelle auf einen Tusch der Ehrenamtsblaskapelle verzichten, als Tuschersatz hier ein Willkommensgruß:

„Herzlich Willkommen in der Ehrenamtswelt!"

TEIL 5: REFLEXIONSZEIT

Befindlichkeitskontrolle

In Ihrem ehrenamtlichen Engagement werden Sie zunächst auf neue Aufgaben stoßen und sind stark damit beschäftigt sich einzuarbeiten.

Dann wird sich Routine einstellen. Sie wissen, was auf Sie zukommt und wie Sie damit umgehen.

Irgendwann kommt die Phase, in der Sie sich fragen werden, ob es denn alles so gekommen ist, wie Sie sich das vorgestellt haben. Natürlich nicht! Das ist die Zeit für eine Befindlichkeitskontrolle.

Stellen Sie sich ein paar Befindlichkeitsfragen. Hier einige Vorschläge:

- Wie geht es Ihnen?
- Fühlen Sie sich wohl?
- Denken Sie mit einem guten Gefühl an Ihre ehrenamtliche Tätigkeit?
- Fühlen Sie sich bereichert?
- Sind Sie aktiv und motiviert?
- Beschäftigen Sie sich viel mit dem Ehrenamt?
- Sind Sie müde?
- Haben Sie zu wenig Zeit für sich selbst?
- Spüren Sie inneres Unausgefülltsein?
- Sehnen Sie sich zurück nach der Zeit davor?

Gehen Sie diese Fragen in Ruhe durch oder schreiben Sie sich Ihren persönlichen Fragenkatalog.

Es lohnt sich in jedem Fall.

Wenn es Ihnen gut geht, fühlen Sie sich bestärkt. Also weiter so!

Wenn es Ihnen schlecht geht, fühlen Sie sich alarmiert. Ändern Sie Ihre Ehrenamtssituation! Wie Sie das anzustellen haben, können nur Sie selbst entscheiden. Aber Sie kennen ja die Richtung. Es soll Ihnen wieder gut gehen!

Zu nah dran?

Ihr Ehrenamtserfolg ist Ergebnis Ihrer Motivation. Wenig Motivation: wenig Erfolg. Viel Motivation: viel Erfolg. Sehr viel Motivation: sehr viel Erfolg. Noch mehr Motivation: jetzt rummts!

Ehrenamt kann Sie und andere mitreißen, es kann eine tragende Rolle in Ihrem Leben einnehmen. Doch zu viel des Guten ist gar nicht gut: Dann nämlich droht die Gefahr, dass Sie mit Ihrem Engagement scheitern. Sie überfordern Ihr Umfeld, ernten versteckte Abwehr oder sogar offenen Widerstand.

Jetzt haben Sie ein Problem und alle anderen ebenso. Lösen können Sie dieses Problem nur selbst. Schalten Sie einen Gang zurück. Reduzieren Sie Ihren Zeitaufwand, geben Sie Verantwortung zurück. Gewinnen Sie Abstand zu Ihrem eigenen Tun. Das alles braucht seine Zeit, seien Sie darum geduldig mit sich und geduldig mit Ihrem Umfeld.

Und probieren Sie aus, welcher Abstand Ihnen und den anderen gut tut. Am Ende fühlen Sie sich wieder wohl, Spannungen nehmen ab und verschwinden schließlich ganz, die harmonische Grundstimmung kehrt zurück.

Ihr Einfluss ist jetzt vielleicht etwas geringer, als Sie sich das gewünscht haben. Es ist trotzdem richtig so. Mit Überforderungen hätten Sie nämlich am Ende gar nichts erreicht. Jetzt gestalten Sie wieder aktiv mit, und etwas entspannter wirken Sie auch noch. Es ist also gut, nach dem für alle verträglichen Maß zu suchen.

Wenn Sie Ihr Engagement jetzt nicht mehr ausfüllt: ein Rückfall wäre fatal. Wie wär's mit einem Hobby? Oder etwas Sport? Ihnen wird schon das Richtige einfallen!

Bei mir gaben solche Erfahrungen den Anstoß für dieses Buchprojekt.

Nach all den Jahren....

Wenn Sie viele Jahre lang ehrenamtlich engagiert waren, haben Sie viele Erfahrungen gesammelt. Diese Erfahrungen haben Sie verändert.

In der Regel werden Sie diese Erfahrungen stärken. Ihr Selbstwertgefühl hat über die Jahre Futter bekommen. Sie erleben an sich neue Fertigkeiten und Kompetenzen und freuen sich über dieses persönliche Wachstum.

Es kann aber auch anders kommen. Nicht immer bekommen Sie ein feedback, das Ihnen diese Entwicklung ermöglicht. Das hängt von vielen Faktoren ab, von Ihrem Umfeld, vom Arbeitsgebiet, von Ihrem Auftreten. Je mehr Sie auf sich selbst gestellt sind, je weniger Ihr Einsatz in eine Gruppe eingebunden ist, umso mehr sind Sie auch in der Bewertung Ihrer Qualitäten auf sich selbst gestellt. Das kann über die Jahre zu Unsicherheiten führen.

„Ich weiß, dass ich meine Aufgaben meistere. Aber ist das denn so etwas Besonderes? Oder kann das nicht jeder andere auch und vielleicht sogar noch besser?"

Wenn Sie merken, dass Ihnen solche Selbstzweifel kommen, ist es Zeit zu handeln. Das Ehrenamt hat Sie kleiner gemacht als Sie sind. Das ist kein Zustand, den Sie sich lange zumuten sollten. Suchen Sie nach Möglichkeiten, die Einschätzung anderer einzuholen. Ein fachliches Gespräch zeigt Ihnen, wie kompetent Sie wirklich sind.

Vision

Für die Förderung ehrenamtlichen Engagements wird viel getan. Und das aus gutem Grund: Aktive Bürger fördern den gesellschaftlichen Zusammenhalt. Das ist im Interesse der Gesellschaft und ebenso im Interesse jedes einzelnen Bürgers.

Für viele Menschen ist ehrenamtliches Engagement fester Bestandteil ihres Lebens. Andere entdecken diese Welt gerade neu, wieder andere sind nicht oder noch nicht aktiv. Ehrenamtliches Engagement wird dringend benötigt. Noch nie in der Geschichte der Menschheit waren die Herausforderungen so groß wie heute. Weder werden Lösungen allein von Politikern noch von der Wirtschaft kommen. Es ist an der Zeit für eine neue Grundhaltung aller Menschen: Das Bewusstsein gemeinsamer Verantwortung für die Zukunft und die Erkenntnis, dass die Natur nicht unendlich belastbar ist. Starke Zivilgesellschaften erzeugen den notwendigen Druck zum Umsteuern hin zu einem Umgang mit der Natur, der das Überleben der Menschen künftig möglich macht.

Das neue Zeitalter hat schon begonnen. Alle Weichenstellungen sind zu prüfen auf ihre Auswirkungen auf die Umwelt. Die Natur nimmt ihren unkündbaren Platz ein im Präsidium der Weltregenten. Die Vision ist, dass die Machthabenden dieses neue Mitglied in ihrer Runde achten. Das ist die Voraussetzung dafür, dass dieses neue Zeitalter nicht zugleich das letzte für die Menschen wird. Ehrenamtliches Engagement kann einen wesentlichen Beitrag zur Bewältigung dieser großen Zukunftsaufgaben leisten.

TEIL 6: ANGEHÄNGTES

Bürgerliches Ehrenamts-Gesetzbuch
BEGB

§ 1   **Geltungsbereich**

    1.1. Das BEGB gilt für alle ehrenamtlich Engagierten, denen an klaren Verhältnissen im Umfeld ihrer Aktivitäten gelegen ist.

    1.2. Andere Personen können sich freiwillig und auf unbestimmte Zeit den Bestimmungen des BEGB unterwerfen. Für sie gelten die Bestimmungen des BEGB für diese Zeit ohne Einschränkung.

§ 2   **Zuwiderhandlungen**

    2.1. Wer den Bestimmungen des BEGB zuwiderhandelt, läuft Gefahr, über kurz oder lang die Freude an seinem ehrenamtlichen Engagement zu verlieren.

    2.2. Zuwiderhandelnde Personen tragen die volle Verantwortung für Ihr Handeln und für die Folgen daraus.

§ 3   Zeit und Geld

3.1.   Bürgerliches Engagement wird nicht bezahlt.

3.2.   Fahrtkosten und sonstige Nebenkosten sind ausgenommen.

§ 4   Wert der Arbeit

4.1.   Bürgerschaftliches Engagement genießt die gleiche Wertschätzung wie bezahlte Arbeit.

4.2.   Bürgerlich Engagierten stehen im Umfeld Ihrer Aktivitäten die gleichen gemeinschaftlichen Rechte zu wie den bezahlten Arbeitskräften.

§ 5   Recht auf Fairness

5.1.   In Ihrem Engagement verhalten Sie sich anderen gegenüber fair und korrekt.

5.2.   Sie haben in gleichem Maße Anspruch auf Fairness Ihnen gegenüber.

§ 6   Umfang des Ehrenamtes

6.1.   Niemand kann über seine persönliche Bereitschaft hinaus zu Tätigkeiten gleich welcher Art herangezogen werden.

6.2.   Wer diese Bestimmung missachtet, verliert das Vertrauen der ehrenamtlich Engagierten.

§ 7   Verpflichtungsdauer

7.1.   Wer sich bürgerschaftlich engagiert bestimmt allein über Anfang und Ende seines Engagements.

7.2.   Es ist nicht zulässig, bei dieser Entscheidung auf den Engagierten Druck gleich welcher Art auszuüben.

§ 8   Nein-Sage-Recht

8.1.   Bürgerschaftliches Engagement ist eine freiwillige Leistung ungebundener Einzelpersonen.

8.2.   Jeder bürgerschaftlich Engagierte hat das Recht, Nein zu sagen.

§ 9   Recht auf Wechsel

9.1.   Über Ihr Tätigkeitsfeld haben Sie das letzte Wort.

9.2.   Sie haben das Recht, Ihr Tätigkeitsfeld zu wechseln, wann immer Sie das für geboten halten.

§ 10   Verantwortung

10.1.   Wer sich bürgerschaftlich engagiert, übernimmt für sein Handeln die volle Verantwortung.

10.2.   Verantwortung für bürgerschaftliches Engagement ist nicht teilbar und nicht delegierbar.

§ 11   Schlussbestimmungen

11.1.   Jede Regelung dieses Gesetzes bleibt nur solange in Kraft, bis den ehrenamtlich Engagierten etwas Besseres einfällt.

§ 12 Inkrafttreten

12.1.   Das Bürgerliche Ehrenamts-Gesetzbuch BEGB wurde beschlossen und verkündet auf der Akademie am See in Plön am 13. Dezember 2006.

12.2.   Das BEGB tritt am Tage der Verkündigung in Kraft.

Checkliste: meine Vorstellungen

( )   *Ich will eigenständig arbeiten.*
( )   *Ich möchte lieber in einem Team arbeiten.*

( )   *Es macht mir Spaß, etwas Neues aufzubauen.*
( )   *Mir ist es lieber, wenn meine Arbeit bereits organisiert ist.*

( )   *Ich weiß, wofür ich mich einsetzen möchte.*
( )   *Ich kann mir verschiedene Tätigkeitsfelder vorstellen.*
( )   *Das Arbeitsthema ist mir gar nicht so wichtig.*

( )   *Ich will handfest anpacken.*
( )   *Ich möchte organisieren oder verwalten.*
( )   *Ich möchte mich in Gesprächen engagieren.*

( )   *Ich will mich zeitlich nicht binden.*
( )   *Ein fester Zeitplan ist mir am liebsten.*
( )   *Ich möchte mich schon binden, brauche aber die Möglichkeit, auch mal absagen zu können.*

( )   *Ich will mich nicht für eine bestimmte Zeit verpflichten.*
( )   *Mir ist es wichtig, dass ich mich verbindlich für eine bestimmte Zeit festlege.*
( )   *Ich würde das von den Bedingungen abhängig machen.*

( )   *Mir ist es wichtig, Entscheidungen selbst treffen zu können.*
( )   *Ich kann und will mich in eine bestehende Struktur einfügen.*
( )   *Ich suche eine feste Struktur, brauche aber Raum für eigene Entscheidungen.*

( )   *Mein persönliches Umfeld findet es gut, wenn ich mich engagiere.*

( )   *Mein persönliches Umfeld reagiert zurückhaltend.*

( )   _____

          _____

( )   _____

          _____

( )   _____

          _____

( )   _____

          _____

Spätestens wenn Sie sich für eine bestimmte Aufgabe entscheiden, sollten Sie Ihre persönliche Checkliste noch einmal durchgehen! Werden Ihre Erwartungen größtenteils
erfüllt? Kommen Sie mir den zu erwartenden Einschrän-
kungen zurecht?
Gehen Sie keine zu großen Kompromisse ein. Sie wollen
schließlich Freude am Ehrenamt haben!

Feedback

„Aller Anfang ist schwer." Das kann ich in diesem Fall nicht bestätigen. Hätte ich allerdings meine Schlussfolgerungen und Empfehlungen aus der Fachliteratur hergeleitet, dann wäre es in der Tat ein schweres Stück Arbeit geworden und fertig zudem noch lange nicht. Zum Glück wollte ich das gar nicht, und so liegt dieses Buch nunmehr vor und kann sich nach Kräften verbreiten.

So soll es aber nicht bleiben. Es fehlen noch Ihre Erfahrungen, jedenfalls soweit sie hier nicht beschrieben sind. Damit sich das ändern kann, hat mir mein Freund Michael Maass eine Homepage eingerichtet. Dort können Sie Kommentare einstellen, die dann auch gleich von anderen gelesen werden können.

Auch per e-mail können Sie sich an mich wenden

Und wenn Ihnen Briefmarke und Briefkasten lieber ist, so geht auch das.

Ihre Anregungen und Kommentare werde ich in die nächste Auflage einarbeiten. Sie können also dazu beitragen, dass dieses Buch weiter wächst und gedeiht. Ich freue mich, wenn Sie dieses Angebot aktiv nutzen.

Homepage:

> www.proehrenamt.info

Email:

> pro-ehrenamt@web.de

Post:

> Bernd Wulf
> Travemünder Allee 57
> 23568 Lübeck

Schlusswort

Um mich geht es nicht in diesem Buch. Aber ich bin natürlich mitten drin, schließlich habe ich es geschrieben.

Ich weiß von mir, dass ich gern ein paar Informationen lese von Autoren, um einen Eindruck von der Person zu gewinnen. Das mag Ihnen ähnlich gehen. Darum hier ein persönliches Statement zu meinem ehrenamtlichen Werdegang:

Ehrenamtliche Aufgaben zuerst im ASTA der Fachhochschule Wedel, später aktiv in der Friedensbewegung und in verschiedenen Bürgerinitiativen.

Einen Wendepunkt stellte das Engagement in einer Erzeuger-Verbraucher-Gemeinschaft für biologische Lebensmittel dar. War das Engagement bis dahin protestorientiert, haben wir hier in einer Gemeinschaft Gleich- und Ähnlichgesinnter unsere kleine Eigenwelt aufgebaut. Das war ein neues Herangehen und fasziniert mich bis heute. Später wurde aus dem Verein eine Genossenschaft. Die Genossenschaft schloss sich dem Dachverband ZdK (Zentralverband deutscher Konsumgenossenschaften) an. Im ZdK bin ich seit einigen Jahren Mitglied im Verbandsrat.

Die Erzeuger-Verbraucher-Gemeinschaft hatte bis vor kurzem einen ihrer Läden in einem soziokulturellen Zentrum, genauer einer Projektgemeinschaft mit gemeinsamer Veranstaltungshalle. Dort gehöre ich dem Vorstand an und über diese Arbeit bin ich in den Vorstand der Landesarbeitsgemeinschaft soziokultureller Zentren in Schleswig-Holstein gewählt worden.

Meine Aufgaben sind vielfältig, haben aber eine gemeinsame Klammer: Gemeinschaftlichkeit. Dabei bin ich eher Einzelgänger. Aber ich weiß, was Eremiten fehlt. Und über das Ehrenamt schaffe ich mir den sozialen Ausgleich.

Aus diesen Ehrenämtern ergeben sich neue Herausforderungen. So habe ich in den letzten Jahren als praktischer Ratgeber ein Forschungsprojekt in Indien begleitet, ein Vorhaben, von dem ich unendlich viel profitiert habe.

Schreiben ist schon lange eine – wenn auch lange vernachlässigte – Leidenschaft von mir. Schon seit etlichen Jahren befasse ich mich mit viel Freude mit dem Schreiben von Artikeln und der Ausarbeitung von Vorträgen.

Ich habe für meine ehrenamtlichen Tätigkeiten Zustimmung bekommen, oft auch ganz unerwartet, kenne aber auch die anderen Seiten. Mitunter ist mir kräftiger Gegenwind entgegengeschlagen. Nicht immer war der Umgang mit mir fair. Ob ich immer fair war, müssen andere beurteilen. Offene Direktheit und Diplomatie sind konträre Gaben, von denen ich die Zweite nicht wirklich beherrsche.

Gerade negative Erfahrungen haben mich über Zeiten stark belastet. Ohne sie hätte diesem Buch aber Entscheidendes gefehlt. So gesehen haben sie am Ende zu einem konstruktiven Ergebnis geführt.

Ich hoffe, mit diesem Buch einen Beitrag zu einem positiven Umgang mit den Möglichkeiten ehrenamtlichen Engagements leisten zu können. Positiv ist für mich nicht das Umgehen von Risiken, sondern die Chance zum konstruktiven Umgang mit ihnen:

Ohne Risiko keine Veränderung.
Und ohne Veränderung keine Zukunft!